D1665994

BOD
Books on Demand GmbH
Norderstedt

Wer sich mit schwierigen Themen auseinandersetzt, dem geht es vielleicht so wie mir: Er merkt, dass er die Dinge erst begriffen hat, wenn er sie mit eigenen Worten formulieren kann. Und vielleicht gelingt es ihm darüber hinaus, seine Erkenntnis in eine einprägsame Formel zu bringen. Eine Formel, die nicht immer präzise sein muss, um treffend zu sein. Eine Anmutung, ein Schemen, ein Klang können die Botschaft oft klarer übermitteln als ein um Exaktheit bemühtes sprachliches Konstrukt.

Wann immer ich bei meinen Recherchen zu philosophischen und gesellschaftlichen Themen bemüht war, das Wahrgenommene zu verdichten und in einen übersichtlichen Zusammenhang zu bringen, passierte es oft wie nebenbei, dass sich Sinnsprüche ergaben. Manchmal spielten auch besondere Gefühlslagen eine Rolle (die womöglich zu Übertreibungen führten). Einen Teil dieser Sprüche und Reime habe ich im vorliegenden Buch zusammengefasst in der Hoffnung, dass vielleicht das eine oder andere meiner Schemen beim Leser eine Entsprechung findet.

Peter Werner Richter, geboren 1946 in Schleswig-Holstein, wuchs in Freiburg auf. Er studierte Volkswirtschaft und Regionalplanung und siedelte nach der Wende in den Osten Deutschlands über, wo er in einer mittelgroßen Stadt als Stadtplaner arbeitete. Nicht zuletzt diese Tätigkeit, die oft Züge einer Realsatire trägt, regte ihn an, seine insgeheim gehegten literarischen Ambitionen umzusetzen und zu schreiben. Die eingeschränkte Fähigkeit der Gesellschaft, ihre Angelegenheiten sachlich und einvernehmlich zu regeln, bildet das große Thema seiner Arbeit.

Heute lebt P.W. Richter in einem kleinen Dorf in Brandenburg und widmet sich der Philosophie, dem Schreiben und Zeichnen.

Peter Werner Richter

Ein Must—Have aus Amerika

Gedichte und Aphorismen

2017 - 19

BOD
Books on Demand GmbH Norderstedt

Alle Rechte, auch die der Umschlaggestaltung und der Abbildungen im Text, liegen beim Autor.

Die Deutsche Nationalbibliothek verzeichnet diese Publikation in der Deutschen Nationalbibliografie; detaillierte bibliografische Daten sind im Internet über dnb.dnb.de abrufbar.

© Mai 2019 Peter W. Richter
Herstellung und Verlag: BOD – Books on Demand, Norderstedt

Printed in Germany
ISBN 9783738647518

Vorwort

Wer dies Büchlein auf das Nachttischchen legt, um vor dem Einschlafen noch etwas Anheimelndes zu lesen, möge sich wappnen: Nicht alle Texte stehen für heile Welt und süße Träume. Zwar war die Welt in ihrer ganzen Geschichte noch nie heil und die Träume selten süß – und sie können es wohl auch niemals sein –, doch die jetzige Ära dünkt mich in besonderem Maße unheimlich. Zwar ging es uns in Mitteleuropa selten so gut – „gut" im materiellen Sinne –, zwar haben wir selten eine so lange Zeit, wenn auch ohne wirklichen Frieden, so doch ohne Krieg erlebt. Doch irgendwie rumort es, wir spüren es, fühlen uns als Spielball und wissen nicht, von wem. Nichts ist wirklich erkennbar, niemand outet sich als großer Zampano, alle verweisen auf das System („das beste aller Systeme"), den Zeitgeist, den Fortschritt, den Markt, die Globalisierung. Dennoch: Nichts davon geschieht ohne menschliches Tun, und die Erfahrung lehrt, dass diejenigen, die dafür verantwortlich sind, stets mehr wissen, als sie zugeben.

Andererseits: Viele bejubeln die Zukunft, die solch grandiose Möglichkeiten bietet wie ein wesentlich verlängertes Leben, Erlösung von schweren Krankheiten, selbstlernend-intelligente Maschinen, Androiden, die uns die Arbeit abnehmen, Sieg über das Verbrechen (durch Überwachung), Flug zu fremden Sternen, autonom-agierende Kriegsmaschinen. Autonom agierende Kriegsmaschinen? intelligente Androiden? Das lässt die Frage aufdämmern: Wollen wir das? Tut es uns gut? Und: Wozu braucht man dann eigentlich noch Menschen? Wozu braucht man uns? Verletzlich, dumm, umständlich, unzuverlässig, hinfällig, wie wir sind.

Und doch: Das sollten wir bleiben wollen. Mit all unserem Schmerz. Mit unserer ganzen Hoffnung.

Peter W. Richter
21. Mai 2019

Im Vorübergeh'n

Da, ein Gedicht!
Sag, hast du mal Zeit?
Es ist nicht so lang,
Und auch nicht zu kurz.
So im Vorübergeh'n
Zwischen Tür und Angel -
… ach – bringt es das nicht?
Doch was wäre sonst?
Gar kein Gedicht?

Anima

Liebe Verräterin,
Im Funkelflug
Über die Wassergräben
Fauliger Dämpfe
flirrst du dahin.

Deine Larven am Grund
Gieren hinauf
Zum großen Versprechen
Auf ein besseres Leben
Im Funkelflug –
Der uns frei macht
Von den Sünden,
Der uns erlöset
Von den Träumen
Der uns gücklich macht.
Nicht nur dich.

Die Seele hat
Keine Nation.

Wo zwei sich begegnen,
Soll alle Theorie schweigen.

Phönix

Ganz plötzlich und unerwartet
Schafft er:
Die Flucht aus dem Käfig
Freundlicher Ignoranz
Nachsichtiger Freunde.
Hermetische Kapsel,
Zu eng und zu dumpf.
Aus ihr endlich bricht er,
Ureigener Phönix,
Immer noch brennend
Für Sache und Sinn.

Ein Mann mit einem Bart und einem Gewehr

Er schaut in den Himmel,
Wo der Krieg lauert.
Den kann man nicht sehen,
Nicht fühlen,
Nicht hören.
Er kommt aus dem Nichts.

Achtsam wählt er seine Schritte,
Geht nicht, wo Menschen sind,
Achtet auf jedes Fahrzeug,
Auf jede Burka,
Auf jeden Mann,
Auf jede Frau.
Er trägt den Koran unterm Arm,
Er trägt ihn im Herzen,
Er trägt ihn im Sinn.
Er trägt ihn, stolz und ergeben.

Er liebt seine Familie,
Sein Leben -
Er gibt es gerne hin
Für Allah, den Einzigen.
Ein ausgesuchtes Ziel ist er,
Ein Mann mit einem langen Bart
Und einem Gewehr.
Sekunden noch hat er zu leben.

Ganz oben

Ein Vogel sitzt auf einem Baum.
Der Ast so dünn,
Man glaubt es kaum.
Ganz oben sitzt er,
Schwankend im Wind,
Hochstrebend,
Wie wir alle sind.

Demut

Wir sind die einzigen Tiere,
Die wissen,
Dass sie sterben müssen.
Das macht uns demütig,
Macht uns zu Menschen.
Was,
Wenn die Medizin uns erlauben würde,
Ewig zu leben?

Lappalie

Im fernen Lande
Schreit der Hahn:
Sind alle tot!
- Was geht's mich an?

Verdikt

In ihrer resoluten Art
Sprach sie:
Komm, wir geh'n an den Strand
Und lassen die Seele baumeln!
Ach!
Was hat sie denn verbrochen,
Die arme Seele,
Dass wir sie baumeln lassen
Wie einen Pferdedieb
Im Wilden Westen?

Revoluzzer

In seiner Jugend war er aufmüpfig
Träumte von der großen Revolution,
Von der Gleichwertigkeit
Aller Menschen,
Von der Freiheit für alle,
Vom großen Einvernehmen.

– Es ist nichts daraus geworden.
Denn wie soll er seine Wut pflegen
Über die unhaltbaren Verhältnisse,
Wenn alle so tolerant sind?

Nun regt er sich wenigstens auf,
Wenn jemand in den Park spuckt
Oder „Negerkuss" sagt.

Zweite Sesshaftigkeit

Es kommt auf uns zu.
Wir können nichts tun.
Erstarrt bleiben wir,
Drahtsonden an den Füßen,
Auch an den Lenden bald,
Im binären Sog
Die Brille schon vor den Augen.
Doch dürfen wir klagen?
Es ist unsere eigene Schuld.
Mit zwingenden Pflichten,
Mit billigen Späßen,
War'n wir doch beschäftigt
Mit wicht'geren Dingen.
Oft unvorsichtig,
Haben wir's je versäumt
Der Drohung zu glauben.
Wir wollten es nicht!
Wir wollten es nie!

→

Eingezwängt
Ins Räderwerk
Versponnen im Weben,
Festgesetzt auf das Riff aus Kalk.
Die zweite Sesshaftigkeit.
Im Auge der Matrix
Umfasst sie uns bald,
In flirrendem Glitzer
Und grausamer Einfalt
Ein tröstliches Lied
Noch zu singen.

Ein Must-Have
aus Amerika

Das Ende der Menschheit,
Ein Must-Have aus Amerika
Börsennotiert,
Läuft wie geschmiert.
Wer da früh eingestiegen ist.
Ist jetzt ein reicher Mann,
Der sich am Ende
Selbst das Ende
Leisten kann.

Die Schere

Die Schere
Der Einkommensverhältnisse -
Als Studentin schrieb sie
Ihre Diplomarbeit darüber.
Sie solle sich schließen,
Formulierte sie.
Zumindest nicht weiter aufgehen.
Nun lebt sie irgendwo
Unter der oberen Schneide
Und hofft,
Dass sie sich nicht so
Bald schließt.

Alle wissen
die Antworten,
Aber keiner kennt
die Fragen.

Ein Bild lügt mehr
Als 1000 Worte …

Am Computer

Wohin mit den zu löschenden Buchstaben?
Etwa vernichten?
Dazu sind sie zu doch viel zu schade,
Die niedlichen, einmaligen,
Unwiederbringlichen Pixeleien,
Wunderwerke der Semiotik.
Ein probates Mittel:
Eröffne einen Ordner mit dem Namen
„Gebrauchte
Aber noch verwendbare Zeichen",
Darunter eine *.doc-Datei
- Z.B. unter dem Namen „vintage.doc" –
Und gestatte ihnen dort
Ein genügsames Weiterleben
Mit der Chance,
Noch einmal groß herauszukommen.
(Das Ganze macht natürlich
Nur dann einen Sinn,
Wenn vor jedem Tippen eines Zeichens
Nachgesehen wird, ob nicht
Ein noch brauchbares
Im Archiv vorhanden ist.)

Der Philosoph

Er ärgerte sich

Über das schlecht hergerichtete

Hotelzimmer.

Und er hatte den Eindruck,

Man übersehe ihn ständig im

Frühstücksraum.

Doch sich zu beschweren war er

Zu schüchtern,

Der Philosoph.

Da entwickelte er

Eine radikale Hypothese

Und schlug sie den Fachkollegen

Um die Ohren.

Narren

Unser Wissen beruhe
Weniger auf Tatsachen
Als auf „Erzählungen",
Erzählt man.
(… auf „Narrativen",
Wie die Narren sagen.)
Doch das ist wohl auch nur
Ein Narrativ.

Camouflage

Der Weise ist dazu verurteilt,
Als ein Narr zu gelten,
Der Gespenster sieht
Und wirr daherredet.
Unglaubliches, Gefährliches vielleicht.
Was bleibt ihm,
Als seine Rolle anzunehmen?
Gar zu übertreiben?
Denn nur dem Narren gestattet man,
Zwischen all dem Unsinn seiner Rede
Auch ein paar Einsichten
Aufleuchten zu lassen.
Aus Versehen
Sozusagen.

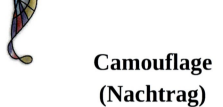

Camouflage
(Nachtrag)

… Dann sind sie wenigstens
In der Welt
Und nicht nur in meinem Kopf -
Mag er denken.
Der große Treck der Ignoranz
Wird auch sie zertreten,
Verformen, entstellen,
Unkenntlich werden laßen.
Mit Absicht.
Sozusagen.

Blickwinkel

Ist der Mond
Für uns wirklich
Ein Weltraumkörper
Oder eher die
Nachtdekoration
Am Juwelenhimmel?

Wissenschaft ist
Ein Seitensprung
Des Denkens.
Wir müssen Sorge tragen,
Danach wieder
Zu uns selbst
Zu kommen.

*

Krone der Schöpfung

Das merke dir:
Der Mensch ist das einz'ge Tier,
Das sich die Nase putzen kann!
Drum ist so naseweis er dann.

Die Mehrheit muss nichts
Beweisen.
Sie hat ja die Mehrheit.

*

Man soll nicht so oft
„man"
sagen!

?

panta rhei

Alles ist im Fluss.
Die Technik entpuppt sich rasant.
Die Innovation ist eine gnadenlose Göttin.
Wir brechen Tabus.
Alle.
Da sind wir perfekt.
Komm, zeig mir das letzte!
Wo sind die alten Werte hin?
Werden uns unsere Enkel noch verstehen?
Der kalte Krieg, er ist vorbei.
Ist es jetzt besser?

Wo stehen wir,
Wo wollen wir hin,
Wie kommen wir dahin?

Keine Frage.
Der Zug fährt.
Fenster und Türen bitte geschlossen halten.
Alles geschieht zu unserem Besten ...

Tabula Rasa

Deutsche Kultur?
Ach ja … die gab's hier mal.
Aber die ist verzogen, damals,
Ausgewandert nach Amerika,
Glaube ich,
Und dem Vernehmen nach
Dort verstorben.

Trauma

Es ist nicht so wichtig

Und auch lange her

Und auch viel zu grausig

Was –

Weiß ich nicht mehr.

*

Standpunkt

Wenn jemand stirbt,
Stirbt er in den Augen der Welt
Allein für sich.
In seinen Augen
Stirbt die Welt.

Strohalm

Wenn der Glaube sinnlos erscheint,
Bleibt die Hoffnung.
Wenn es nichts zu hoffen gibt,
Bleibt der Trost.
Wenn der Trost versagt,
Bleibt immer noch
Die Würde.

Das liebe Vorurteil

Ich habe ein Vorurteil.
Ich will es abbauen.
Denn Vorurteile sind schlecht.
Man baut sie ab.
Fang mich doch!
Rief das Vorurteil.
Ich wollte es greifen,
Aber es flutschte immer immer wieder weg.
War nicht zu packen,
Das doofe Ding.

Ich rief:
Komm her, du blödes Klischee!
Bin kein Klischee,
Bin ein Urteil.
Nein, du bist kein Urteil,
Du bist ein Vorurteil!

Wo liegt der Unterschied?
Du bist ein vorschnelles Urteil.
Und damit vermutlich falsch.
Ein Fehlurteil. Ein Justizirrtum.
Du must weg!
.Hmm …

Das Vorurteil grübelte.
Etwas schien ihm nicht zu gefallen.
Ist das nicht auch ein Vorurteil?
Was?
Dass ich wegmuss?
Spinnst Du? Das weiß doch jeder,
Dass Vorurteile überflüssig,
Ja sogar schädlich sind.
Man muss sie abbauen!
Also ich weiß das nicht,
Sagte das Vorurteil.

Überleg doch mal:
Was ist zwei und zwei?
Vier.
Und ein Vorurteil!
Das Vorurteil grinste frech.
Oder hast du Beweise?
Hmm ...

Stell dir vor,
Fuhr das Vorurteil fort,
Es steht jemand vor dir
Und hebt langsam die Hand,
In der er einen Revolver hält. →
Was denkst du?
Er will mich erschießen!

Ach! Wieder ein Vorurteil!

Warum?

Na, weil er sich vielleicht

Selbst erschießen will.

Oder er hat dich verwechselt.

Blöd, aber es kommt vor.

Ja, soll ich denn warten,

Bis er mich erschossen hat?

Sage ich verärgert.

Musst du!

Alles andere wäre ein Vorurteil.

Und die willst du doch abbauen.

Hmm … jetzt treibst du's zu bunt!

Du bist ja widerlich!

Wieder dieser freche Blick.

Ein widerliches Vorurteil bin ich?

Genau! Rufe ich.

Ich wusste, dass ich dich nicht mag.

Ich bin nicht widerlich. Du brauchst mich!

Niemand braucht Vorurteile!

Alle brauchen sie!

Nenne sie vielleicht anders.

Nenne sie „Prototyp".

Das Wort ist nicht so belastet.

Was ist daran besser?
Prototypen braucht man,
Um denken zu können.
Hinter jedem Wort steckt ein Prototyp,
Hinter jedem Begriff.
Wir können nicht warten
Bis zur letzten Erkenntnis.
Wir müssen uns vorher eine Meinung bilden
Um leben zu können.
Und dazu brauchen wir
Standardvorstellungen.
Prototypen beziehungsweise Vorurteile.
Hmm ... Ich zögere.
Und trotzdem müssen wir sie abbauen ...
Bau sie nicht ab.
Ersetze sie durch bessere, vernünftigere.
Übrigens:
Ich bin doch ein recht vernünftiges Vorurteil.
Findest du nicht?
Komm, hab mich lieb!

Mitgefühl

Der Witz an der Empathie ist doch:
Ich kann sie an- und abschalten,
Gerade, wie ich es brauche.
Ich kann ein Tier liebhaben,
Oder schlachten und essen.
Und es ist doch beide Male
Das selbe Kaninchen -
Mal mit,
Mal ohne
Namen.

Der Wellenverkäufer

Philosophie
Wie Wellen,
Wuchtig,
Fein gekräuselt
Schlägt sie auf das Steilufer
Des Kapitalismus.
Der weicht keinen Schritt,
Spendiert ab und zu ein paar Brocken,
„Kalbt" sozusagen,
Und während du denkst,
Der stete Tropfen höhlt den Stein,
Wächst dahinter schon
Die neue Kordillere der Macht
Zum Himmel.

Was liegt näher,
Als das eigene Wogen
– Die Welle ist das Ziel –
Als Erfolg zu verkaufen?

→

Philosophie –
Jahrmarkt der Nichtigkeiten,
Jedes Gekräusel
Ein Einzelstück.
Kommen Sie näher,
Meine Herrschaften,
Hier kriegen Sie
Die Antwort auf alle Fragen.

Derweil erdrücken die Antworten
Die Fragen
Wie Wellen,
Die vom Fels zurückschlagen
Um den ankommenden
Die Kraft zu nehmen.

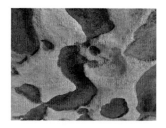

Die singende Maus I

In der Nacht
Vor meinem Mausloch
Sitz ich und singe
Mein Lied
Aus vollem Herzen,
Aus voller Seele.
Du in der Ferne,
Kannst Du mich hören?
Ich meine,
Ich hörte dich singen.
Ein leises,
Betörendes Klingen …
Oder doch …
Ein Rauschen,
Ein Scharren,
Ein Schleichen?
Wer schickt mir
Solch warnende Zeichen?
Die Eule,
Die Katze,
Der Fuchs.

Ihre letzte Hoffnung:
Gleichbleibende Melancholie.

Man muss sich hingeben,
Wenn man etwas davon haben will.
Der Kritiker
Bleibt ewig draußen.

Edelstein

Es hat wieder keiner
Die Steine versorgt.
Das ist nicht okay,
Das ist nicht korrekt.
Wir haben das Leben
Von ihnen geborgt.
Das hat wohl noch keiner
So richtig gecheckt.
Wir müssen sie wenden,
Wir müssen sie wärmen,
Sie brauchen reichlich Licht.
Wir müssen vor allem
Mit ihnen sprechen,
Sonst denken sie noch,
Wir mögen sie nicht.

→

Geformt aus Materie,
Aus Fels ist die Erde,
Ein einziger Edelstein.
Wir müssen sie ehren
Und all ihre Kinder.
Ach,
Seht das doch endlich ein!

Schatten

Was werf' ich Schatten
Für einen Körper?
Er schwankt,
Er geht
Nur ungefähr
Nach meiner Art.
Als sei er es
In Wirklichkeit,
Der alles weiß
Und so gescheit
Die Wege plant.
Und merkt nicht,
Dass an mir er hängt
Am Schatten,
Der die Chose lenkt.

Gesunde junge Männer

Gesunde junge Männer,
Die sich aufs Dichten verlegt haben,
Die ihr Leben verreimen –
Ich kann sie nicht verstehn.
Kein Haus,
Keinen Baum,
Keinen Sohn,
Erschaffen sie.
Nur ein Ton
Sind sie
Schon im Vergehn.

Die singende Maus II

Einst,

Als die Füchse noch taub

Und die Eulen noch blind waren,

Gab es singende Mäuse.

Sie sangen wie Vögel so schön.

Jetzt hat sich die Welt verkehrt -

Die Mäuse sind stumm

Oder fliegen herum

Und singen so leise,

Dass keiner sie hört.

Krieg

Im zerbombten Haus
Steh'n nur noch kahle Wände,
Und in der Dämmrung Hülle
Weht kalt der Todeshauch.
Zerstörung
Derer, die hier wohnten.
Nichts mehr,
Das Weiterleben lohnt.
Auch ich bin kaum noch da,
Und unser kranker Glaube
Auch.

Grönland

Ich bau mir ein Haus
In Grönland.
Aus Schnee und Eis
Gegen die Kälte,
Gegen den Sturm,
Gegen die Nacht.
Vor der Türe
Ein totes Walross.
Es hat alles,
Was ich brauche.
Aus seinem Knochen
Schnitz ich die Flöte
Und pfeife ein Lied
Zum Himmel,
Dem schwarzen,
Gleichgültigen,
Ewigen,
Dem einzigen Trost,
Der uns bleibt.

Trott

Unter der Knute
Das Leben
Ein einziger Schmerz.
Schau nach vorn
Ins Dunkel –
Du weißt nicht
Was da kommt.
Ein einzig Licht
Von ganz hinten
Matt wie die Taschenlampe
Deines Handys
Lässt schummernde Konturen
Tanzen.
Zurück ist keine Option.
Also vorwärts die Frage.
Im alten Trott,
In dunkler Ahnung
Ertasten den Weg.

Manie

Das ist ne Manie,
Das ist nicht mehr gut.
Das ist keine Liebe.
Das ist nur noch Wut.
Hier geht's nicht um dich,
Hier geht's nicht um mich,
Hier geht's um das Schicksal,
Um den Kosmos an sich.
Ich schlag ihn in Stücke,
Zerplatzen soll er!
Wenn ich dabei draufgeh',
Das kratzt mich nicht mehr.

Wunde Stelle

Wie konntest du wissen,
Wo's am ärgsten mich trifft?
Du weißt mehr als alle,
Und handelst mit Gift.
Und trägst meine Welt
In sorgloser Hand.
Mit innigem Lächeln
Führst du den Schlag.

Ich leg meine Seele

Ich leg meine Seele
An einen unwirtlichen Ort
Und sing ihr ein Schlaflied
Bin selbst ja so müd.
Untröstlich
Auf hartem Gestein
Starrt sie mich an.

Wann kommt sie, die andere,
Wie sie es versprach?
Weshalb nur, warum
Ist sie noch nicht hier?
→

Rastlos, voll Gram,
Gewandert den ganzen Tag
Kann dennoch nicht ruhen.
Und streichle sie zart.
Sie kommt noch,
Keine Sorge,
Sie kommt ganz gewiss,
Sie weiß, wo wir sind,
Sie findet uns bald,
Um mit uns zusammen,
Um mit uns zusammen
Ein Ganzes zu sein.

Narzisstische Störung

Fort von der Brust
Schlugst du mich, Mutter,
Als sei ich ein Egel,
Als sei ich ein Dieb,
Der Lebenskraft raubte,
Der nur darauf aus war,
Was Seins er einst glaubte,
Was Liebe kaum war.

Gegen die Wand

Ist etwas in mir,
Das läuft sich tot
Und läuft
Und läuft
Und läuft
Dein Bild vor Augen
Gegen die Wand.
Zutiefst verletzt
Sucht es die Tür
Zu dir.

Die alte Wut

Vergiss die alte Wut
Und halt ihr nicht die Treue!
Sie tut dir gar nicht gut.
Such lieber eine neue.
Vergiss die alte Trauer,
Die nachts dich überfällt.
Du weißt es doch genauer,
Was dich zum Narren hält.
Vergiss die alten Schwüre.
Sie gelten heut nicht mehr.
Mach auf jetzt deine Türe
Für deine Wiederkehr.

!

Nicht normal

Man kann sich seit neustem
Für alles entscheiden,
Ob Männlein, ob Frau oder beides.
Ich hab mich entschieden,
Neurotisch zu sein
Und psychisch ein Ausbund des Leides.
Nun bin ich verklemmt,
Mir fehlt jeder Mut,
Hab' ständiges Kopfweh
Und fühl' mich nicht gut.
Ich lebe dahin
Ein geschlagener Hund.
Beschließe tagtäglich
Zu jeglicher Stund
Wie vorher zu sein.
Doch geht das nicht mehr.
Das find' ich gemein.
Das ärgert mich sehr.

An Jesulein

Mein Herz ist klein.
Passt keiner hinein.
Tanderadein –
Mit einem Glas Wein
Ist alles ganz fein.

Bi-ba-Butzemann

Es geht ein Bi-ba-Butzemann
In meinem Haus herum.
Er hat ein schwarzes Mäntlein an
Und wühlet alles um.
Sag, wer mag das Männlein sein,
Das da steht im Dämmerschein
Mit dem silbergrauen Stöckelein?

Gar nichts gut

Es ist gar nichts gut
Es kam nur zur Ruhe
Es ist nichts geregelt
Obwohl ich so tue.
Es wurmt mich noch immer
Bei Tag und bei Nacht.
Doch bald ist das alles
Zu Ende gebracht.

Am Ende

Ich bin so zufrieden,

Wie's eben nur sein kann.

Doch das ist vielleicht ja

Nicht gerade viel.

Ich bin so zufrieden,

Wie's eben nur sein kann.

Und darum bin ich dann

Am End' lieber still.